Das Leben wird überschätzt

Jules Renard

DAS LEBEN WIRD ÜBERSCHÄTZT

Aus dem »Journal«
ausgewählt und übersetzt von
Henning Ritter

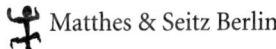 Matthes & Seitz Berlin

1890

Sucht das Lächerliche in allem und ihr werdet es finden.

Es ist manchmal die Kritik eines Kritikers, den wir nicht mögen, die uns das kritisierte Buch lieben lässt.

Das Recht eines Kritikers ist es, seine Grundsätze einen nach dem anderen zu verleugnen, seine Pflicht ist es, keine Überzeugung zu haben.

Sie hatte eine lächerliche Furcht vor der Lächerlichkeit.

Unerträglich wie jemand, der vom »göttlichen Vergil« spricht. Ach, die ganze Tradition steckt darin! Du sollst Deinen Vater und Deine Mutter ehren und Vergil.

Ach, die Welt der Literatur! Verrückte Welt, die Welt ironischer Schmerzen und von Elend, das ein Grinsen hervorruft.

Ein Pedant ist jemand, der geistig schlecht verdaut.

Man legt sein Lob an wie man Geld anlegt, um es mit Zinsen zurückzuerhalten.

Ein Buch mit dem Titel »Der Nihilismus« schreiben und die Kapitel über die moderne Philosophie nach der Erfahrung erzählen, also mit Vergleichen aus dem banalen Leben. Einen Geist zeigen, der sich allmählich in sich vertieft, sich die Probleme der Erkenntnis mit dem Interesse eines Bürgers stellt, der seinen Geschäften nachgeht, und nach und nach bei der Kritik der reinen Vernunft anlangt, indem er seine Moral als etwas Gewolltes und Künstliches beiseiteschiebt. Kurz, ein Buch schreiben, das sich zur Geschichte des modernen Denkens verhalten würde wie ein Roman von Zola zu seinen naturalistischen Theorien. Die Philosophie anwenden.

Ein humorvoller Metaphysiker.

Die beiden Dumas haben die Wirtschaftstheorie auf den Kopf gestellt. Der Vater war der Verschwender und der Sohn der Geizige.

Für menschlich nur das zu erachten, was nur uns eigen ist, wäre ein großer Irrtum.

Es war so still, dass ich mich für taub hielt.

Balzac hat zu viel Genie, er gibt seinen Bauern davon ab.

Vor allem auf dem Theater ist jeder für seine Handlungen verantwortlich.

Der eigentliche Autor eines Buches ist der, der es veröffentlichen lässt.

Der Tag ist gar nicht mehr so fern, wo man für die Fotografie Drachen verwenden wird.

Wir kennen das Jenseits nicht, denn dieses Nichtwissen ist die unerlässliche Bedingung unseres Lebens, wie das Eis vom Feuer nur wissen kann, wenn es schmilzt, sich auflöst.

Die Zeit, in der man an die Literatur glaubt, ist kurz.

1891

Eine zittrige Unterschrift, die Angst hat, den Namen preiszugeben.

Wie alle Journalisten beklagt er sich über den Journalismus.

Ich lese nichts, aus Furcht, etwas gut zu finden.

Das Gehirn kennt keine Scham.

Stil ist das Vergessen aller Stile.

Der Kritiker ist Botaniker, ich aber bin Gärtner.

Seine Träumereien zu Gedanken machen.

Den flüchtigen Gedanken beim Schopf packen und mit der Nase aufs Papier drücken.

Ich mag nur Ideen, eine Metaphysik, die berauscht und an der man sich erfreuen kann, ohne sie zu verstehen.

Niemals zufrieden sein, das ist die ganze Kunst.

Ich werde Ihnen nicht folgen, nicht einmal bis ans Ende der Welt.

Der Krieg ist vielleicht nur die Rache der Tiere, die wir getötet haben.

Das wahre Glück wäre, sich an die Gegenwart zu erinnern.

Vielleicht haben Menschen mit gutem Gedächtnis keine allgemeinen Ideen.

Ein Duell wirkt immer wie die Wiederholung eines Duells.

Ich lache nicht über den Witz, den Sie machen, sondern über den, den ich machen werde.

Es gibt nur eine Möglichkeit, etwas weniger egoistisch zu sein als die anderen: Man räumt seinen eigenen Egoismus ein.

In tiefer Demut gestehe ich meinen Stolz.

1892

Wer frei ist, muss sich gelegentlich die Freiheit nehmen, Sklave zu sein.

Ich stelle mir vor, nicht aufrichtig gewesen zu sein. Ich wollte es zu sehr, um es zu schaffen.

Sich selbst gegenüber nicht zu streng sein und von den anderen nur Vollkommenheit verlangen.

Unangenehm wäre mir nur, wenn ich mich selbst verachten würde. Aber ich kann mir ja nicht ins Gesicht spucken.

Unbedingt auf lange Sätze verzichten, die man eher erahnt, als dass man sie liest.

Die Zeit ist gekommen, dass man des Geschreis der Literaten gegen die Literatur überdrüssig ist. Lasst es einfach sein, es ist ganz leicht.

Die Ironie ist die Scham der Menschheit.

Das Talent ist wie das Geld: Man braucht es nicht zu haben, um davon zu sprechen.

Die Klarheit ist die Höflichkeit des Schriftstellers.

Um die Wirklichkeit zu erreichen, gab er sich einer Reihe kleiner Träumereien hin.

1893

Die Journalisten, wissen Sie, das sind die Herren, die für eine Freifahrkarte bei der Bahn schreiben.

Genug Psychologie zu mir genommen.

Ich bin der allgemeinen Ideen müde.

Diejenigen aber, die wiedergelesen werden wollen, werden überhaupt nicht gelesen werden.

Der Zufall will nicht mit mir spielen.

Er bemühte sich schon, ein Symbol zu werden.

Wir möchten, dass das Leid der anderen uns rührt.

Der Stil, das ist das Wort, das nötig ist. Alles andere ist unwichtig.

Liebe Freunde Barrès, Paul Adam, Bernard Lazare, warum erkennt ihr in der Politik das Urteil der Menge an, obwohl ihr es in der Kunst nicht zulasst?

Ihr bemüht euch ausschließlich darum, aufrichtig zu sein. Aber findet ihr nicht, dass diese beharrliche Suche nach der Aufrichtigkeit etwas Falsches und Verlogenes hat?

Schlecht ernährt sind alle meine Pläne an Unterernährung gestorben.

Eines Tages verheiratete er sich mit einer armen, aber guten Idee, die ihn für sein ganzes Leben glücklich machte.

Ich denke nicht nach: Ich schaue hin und lasse die Dinge meine Augen berühren.

Ich möchte in mich gehen wie in ein Loch.

Der Krieg zwischen dem Konkreten und dem Abstrakten.

Ein inspirierter Dichter ist ein Dichter, der schlechte Verse macht.

1894

Mein Platz an der Sonne: Dieser Strahl ist meiner.

Er bewegte sich lautlos wie ein Fisch.

Um gut anzukommen, muss man zuerst selbst ankommen und dann die anderen nicht.

Da jeder originelle Vergleich mit der Zeit unweigerlich banal wird, nie einen benutzen.

Denken heißt Lichtungen suchen im Wald.

Unsere Freundschaft konnte nicht dauern: Wir haben uns, einer den anderen, zu sehr ausgehöhlt.

Mir graut vor der Originalität.

Die glücklichen Menschen haben kein Talent.

In der großen Welt vervielfacht man seine Langeweile durch die der anderen.

Gott, den alle Welt kennt, aber nur mit seinem Namen.

Ein paar Fotografien, eine gute Lupe, und schon reise ich gut.

Es genügt nicht, glücklich zu sein. Dafür ist auch nötig, dass die anderen es nicht sind.

Meine Literatur – Briefe an mich selbst, die ich euch zu lesen erlaube.

Man schreibt seine Bücher immer zu spät.

Eine Monographie über die Faulheit.

Wie doch die Hand, die schreibt, nichts von dem Auge weiß, das liest.

Mein Gehirn wie eine reife Nuss. Ich warte auf den Schlag des Hammers, der sie öffnen wird.

Wir sind nicht glücklich: Unser Glück ist das Schweigen des Unglücks.

Er hat einen Stil, den niemand haben möchte.

1895

Zu viel von mir geredet, oh ja, zu viel, zu viel. Zu viel geredet von Pascal, Montaigne, Shakespeare, und nicht genug von Shakespeare, Montaigne, Pascal gelesen.

Ein kleiner einzelner Mensch interessiert mich mehr als das Menschliche im Allgemeinen.

Der Künstler ist jemand, der kein Ziel hat, der nur mit seiner Kunst beschäftigt ist, nicht mit Frauen, Geld, weltlichen Dingen. Und Künstler ist der, der Komplimente verschmäht, weil niemand ihn so kennt wie er sich selbst.

Ein Klassiker ist ein Schriftsteller, der über die Tradition wacht.

Im Journalismus kann man heute eine schlechte Seite schreiben, wenn man morgen eine gute schreibt.

Glücklich sein ist nicht das Ziel, aber wenigstens muss man es gewesen sein.

Naturgeschichten. – Buffon hat die Tiere beschrieben, um den Menschen eine Freude zu machen. Ich möchte den Tieren gefallen. Ich wünschte, dass sie, wenn sie meine kleinen Naturgeschichten lesen könnten, lächeln würden.

Es gibt kein Paradies, aber man muss versuchen, es sich zu verdienen.

Geduld! Das Wasser meines kleinen Bachs wird zum Meer gelangen.

Sei bescheiden! Es ist die Art von Stolz, die am wenigsten missfällt.

Überall und in einer Ecke sein.

Es gibt keinen Unterschied zwischen der echten und der falschen Perle. Die Schwierigkeit aber ist, ein verzweifeltes Gesicht zu machen, wenn man die falsche Perle zerstört oder verliert.

Die Natur ist nie endgültig: Man kann immer noch etwas zu ihr hinzutun.

Ich finde, dass ich viel zu vielen Leuten ähnlich sehe.

1896

Zur Klarheit, auf welchem Wege auch immer.

Eine platonische Liebe, bei der die Seelen sich duzen.

Lebe nicht! Begnüge dich damit, immer nur leben zu wollen.

1898

Ich habe meinen Egoismus perfektioniert.

Freunde, kein Freund.

Meine besten Worte sind die, die ich selbst nicht erwarte.

Neigung, was ist aus diesem hübschen Wort geworden?

Der Vers ist immer ein wenig der Käfig des Denkens.

Du arbeitest? – Ich versuche zu arbeiten. Das ist viel schwerer.

Ich bin jemand, der immer erstaunt ist, der in jedem Augenblick vom Mond fällt.

Wenn man mir sagt, dass ich Talent habe, braucht man es mir nicht zu wiederholen: Ich verstehe sofort.

Geistreich, ja. Vergesst aber nicht, dass ich den Geist der anderen verabscheue.

Mallarmé, unübersetzbar sogar ins Französische.

Wenn ein Schauspieler schlecht ist, wird er durch den Beifall noch schlechter.

Der Neid, das Gefühl mit der meisten Kraft und das reinste.

Erwartet nicht, dass ich gut bin. Erwartet nur, dass ich so handele, als wäre ich es.

Ich kann gerade einmal so gut schwimmen, um mich davon abzuhalten, andere zu retten.

Ich liebe die Einsamkeit sogar, wenn ich allein bin.

Der Mensch ist ein Tier, das die Fähigkeit hat, manchmal an den Tod zu denken.

Ich möchte von der Minderheit gelesen und von der Mehrheit gekannt werden.

Der Tod ist schön. Er befreit uns davon, an den Tod zu denken.

Die Lächerlichkeit tötet das Mitleid nicht.

Gott glaubt nicht an unseren Gott.

Es ist leichter, sich älter zu machen, als sich zu verjüngen.

Allgemeine Ideen. Sie heißen so, weil niemand von ihnen Gebrauch macht.

1899

Ich bin ein Schriftsteller, den nur der Sinn für Vollkommenheit daran hindert, groß zu sein.

Um einen Bauern zu beschreiben, soll man keine Worte gebrauchen, die er nicht versteht.

Was ist das Leben, wenn es nur mit Augen gesehen wird, die nicht Augen von Dichtern sind?

Vielleicht mit fünfzig, der Wirklichkeit müde, werde ich sie mir mit Vergnügen vorstellen.

Ich wurde mit zwei Flügeln geboren, von denen der eine zerbrochen ist.

Wenn ich meinen Entschluss gefasst habe, bin ich immer noch unentschlossen.

Denken genügt nicht, man muss an etwas denken.

Der Mensch wird mit seinen Lastern geboren, seine Tugenden erwirbt er.

Der Stil ist Gewohnheit, die zweite Natur des Denkens.

1900

Eine gewisse Vulgarität unterstreicht das Talent.

Träumer ja. Denker, das ist mir gleichgültig.

Meine Fantasie, das ist meine Erinnerung.

Ich möchte nur so viel Talent haben, dass ich von Neid verschont bleibe.

Ich hänge an meinem Alter von fünfunddreißig: Ich habe nichts anderes.

Nicht zu früh aufstehen: Die Natur ist noch nicht so weit.

Die Natur kann bloß auf der Orgel der Barbarei spielen.

Unsere Güte, das ist unsere Bosheit, die schläft.

Der Beruf des Schriftstellers: schreiben lernen.

Wenn ich sterbe, werde ich Pascal nicht ganz durchgelesen haben, auch nicht La Bruyère, und wenn ich von ihnen spreche, geht mir der Mund über.

Ich möchte Mensch eines einzigen Traums sein.

Es gibt in uns eine Sonnenfinsternis.

Lieber möchte ich unhöflich sein als banal.

Philosophie! Moral! Mir fällt auf, dass ich, seitdem ich ein wenig nachgedacht habe, sehr tiefsinnig bin.

Die am besten über den Tod gesprochen haben, sind tot.

Gewitter. Ich fürchte mich vor dem intelligenten Blitz.

Ich weiß, dass ich, einmal entschlossen, die Wahrheit zu sagen, wenig sagen werde.

Das Beste an uns ist nicht mitteilbar.

Das Werk der anderen stößt mich ab, das meine begeistert mich nicht. Das ist meine Stärke und meine Schwäche.

Die Zeit geht durch das Nadelöhr der Stunden.

Man braucht eine Viertelstunde, um ein Heiliger zu werden.

Schreiben. Das Schwierigste ist, zur Feder zu greifen, sie in Tinte zu tauchen und sie fest aufs Papier zu drücken.

Um zu arbeiten, warte ich, bis mein Thema an mir arbeitet.

Ich bin verrückt nach Kleinigkeiten.

Dichter, versuche nichts anderes zu sein. Du bist geschaffen und in die Welt gesandt, um das Bewusstsein von allem zu sein, was kein Bewusstsein hat.

Es gibt Umstände und Stunden, in denen man so allein ist, dass man die ganze Welt sieht.

Ich kenne meinen Weg wie ein Bach den seinen.

1901

Die Natur hat meinem Arbeitszimmer übel mit-gespielt.

Man müsste für das Herz tun, was Descartes für den Geist getan hat: tabula rasa und dann ein echter Neubau.

Mir gefällt das Erhabene, und ich liebe nur die Wahrheit.

Venedig, ich weiß. Abends ist es fast so gut beleuch-tet wie die Gare de Lyon.

Mag sein, dass die Güte verweichlicht, aber das ist alles, was man gegen sie sagen kann.

Ich folge dem Leben Schritt für Schritt, und das Le-ben macht nur ein Buch im Jahr.

Dieses Tagebuch entleert mich. Es ist kein Werk, wie es auch nicht Liebe ist, wenn man jeden Tag Liebe macht.

Das Leben führt überall hin, unter der Bedingung, dass man es verlässt! – Das ist tief! – Und dumm, wie alles, was tief ist. Und nicht einmal das will etwas sagen.

Das Leben entgeht mir. Ich habe es nur an seinen kurzen Enden gepackt.

Ich habe ein undankbares Gedächtnis.

Wie muss Gott, der alles sieht, sich amüsieren!

Ein freier Mensch ist der, der keine Angst hat, bis an die Grenze seines Verstandes zu gehen.

Ich erzähle T., dass Victor Hugo mit vierunddreißig inkognito reiste und seinen Namen auf den Kirchenmauern fand. – Ja, sagte T., er war zum zweiten Mal da.

Die Wahrheit verdient es, dass ein paar Jahre hingehen, ohne dass man sie findet.

All dies sind Beispiele dafür, wie man seine Erlebnisse in kleine und kleinste Stücke zerbrechen und ihnen durch geeignete Beleuchtung Glanz geben kann.

Ich übe jeden Morgen eine gute Stunde, um den schönen Namen eines heiteren Autors zu verdienen, den man mir freundlicherweise hat geben wollen.

Seien wir Künstler! Beschäftigen wir uns weder damit, Geld zu verdienen, noch Stadtrat oder Mitglied einer Sektion der Liga der Menschenrechte zu werden. Unsere Väter mussten nur Geld verdienen. Wenn sie genug verdienten, gut so und vielen Dank! Geben wir es aus. Wenn sie nicht genug verdienten, waren sie im Unrecht: Sie waren die Schuldigen.

Die Frauen kennen, ohne ihr Liebhaber zu sein, das ist so, als glaubte ein Fischer, der seine Angelleine durch den Fluss gezogen hat, die Fische zu kennen.

Was immer die Literatur sein mag, es ist allemal schöner als das Leben.

Der Mund, dieses hübsche Nest der Stimme.

Geschichte ist nichts weiter als eine Geschichte, bei der man im Stehen einschläft.

Eine Anthologie des Mondes.

Auf Reisen ist es mein Vergnügen, zu schauen und nichts zu sehen.

Alles Geld des Mondes kommt durch mein Fenster herein.

Es gibt den Ängstlichen, der unter seinem Bett nachschaut, und es gibt den Ängstlichen, der sich nicht einmal traut, unter seinem Bett nachzusehen.

Der Kaffee in meiner Tasse: Er spiegelt meine schwarzen Gedanken.

Der Wind, der die Seiten umblättert, aber nicht lesen kann.

Titel eines Bandes meiner Notizen: Ganz nackt. Nackt.

Jetzt, wo ich meiner Prosa sicher bin, möchte ich gerne Verse machen.

Sie ist die treueste aller Frauen: Sie hat keinen ihrer Liebhaber getäuscht.

Ich rede, ich schreibe, ich tue, was man will, und ich komme nicht dazu, zu leben.

Die Güte hat immer etwas, was man nicht verträgt.
Die Frucht schmeckt, aber der Kern ist bitter.

Der Mensch, dieser zum Tode Verurteilte.

1902

Wie schön fände ich das Leben, wenn ich, statt es zu leben, zuschauen würde, wie es lebt.

Es macht wenig aus, ob man von diesem oder einem anderen Leiden geschlagen ist: Wichtig ist, dass man sterblich ist.

Ich frage nie nach Nachrichten über Abwesende: Ich nehme an, dass sie tot sind.

Die Vernunft: Ordnung in ausgewählten Gedanken.

Im Theater langweile ich mich am meisten, aber dort tue ich es am liebsten.

Unabhängig wie ein Anarchist und gut wie ein Heiliger.

Aus dem ganzen Leben Napoleons würde ich nicht mehr als ein Drama von fünf Minuten machen.

Romeo und Baucis.

Die untröstliche Quelle.

Ich sehne mich nach dem Ruhm, unbekannt zu sein.

Man kann nicht die Wahrheit sagen, aber man kann die Lügen transparent machen: An euch ist es, durchzublicken.

Der Vorhang der Erinnerung hebt sich nur, wenn er will.

Der Vogel im Käfig weiß nicht, dass er nicht fliegen kann.

Liebe und Freundschaft, das ist der Tag und die Nacht.

Es gibt einen Grad von Trägheit, wo der Geist von seiner Rente zu leben scheint.

Gehirn. Der Mensch hat seine Wurzeln im Kopf.

Das Leben ist kurz, aber man langweilt sich trotzdem.

Der Wille ist nicht weit: Wir spüren ihn hinter der Tür. Unmöglich, ihn hereinzulassen.

Ich lese nur die Bücher gerne, die mir gehören: zum Beispiel das Buch des Lebens.

Ich kenne meine Faulheit gut. Ich könnte eine Abhandlung über sie schreiben, wenn es nicht soviel Arbeit wäre.

Die Träumerei ist nur ein Gedanke, der an nichts denkt.

Eine Seite muss wie ein Netz gemacht sein und jedes Wort wie eine Masche, etwas Winziges einzufangen.

Schreiben heißt fast immer Lügen.

Ich kenne die Stelle genau, wo die Literatur den Boden verlässt und das Leben nicht mehr berührt.

Die Wahrheit ist bedeutungslos und von kleinen Dimensionen. Sie hat einen Duft, den nur die guten Nasen riechen können.

Sobald die Wahrheit fünf Zeilen überschreitet, handelt es sich um einen Roman.

Eine Frage der Reinlichkeit: Man muss seine Ansichten wechseln wie ein Hemd.

Ich verbringe das Jahr damit, mir zu sagen, dass ich keine Minute verlieren darf.

Ein Stück ist fertig, wenn es uns nicht mehr interessiert. Deswegen ist ein Stück oft zuende, bevor man es begonnen hat.

1903

Das Talent ist wie der Reichtum: Ich bin so reich wie ihr, wenn ich weniger ausgebe.

Wenn man sich freut, jung zu sein, und feststellt, dass es einem gut geht, ist man alt.

Die Ironie ist ein Stück Glück.

Nur die Irrtümer geben der Wahrheit Wert.

Wenn jemand nur von dem redet, was er weiß, hat man immer den Eindruck, dass er mehr weiß als wir.

Tolerieren Sie bitte meine Intoleranz.

Es ist schwer, gut zu sein, wenn man klar sieht.

Sie machen aus Gott ein groteskes Wesen nach ihrem Bilde. Wenn er sein Antlitz nicht abwendet, dann in Wahrheit nur deswegen nicht, weil sein Mitleid grenzenlos ist.

Eine junge Engländerin aus der Umgebung von London hinterlässt diesen Brief: »Ich werde mich umbringen. Vaters Essen steht auf dem Herd.«

Seien wir intolerant gegenüber uns selbst!

Schönheit der Literatur. Ich verliere eine Kuh. Ich schildere ihren Tod, und das bringt mir so viel ein, dass ich mir davon wieder eine Kuh kaufen kann.

Man ist nicht gut, aber man zwingt sich, gut zu scheinen: Das Ergebnis ist das gleiche.

Jedes Jahr noch ein Mangel: Das ist unser Fortschritt.

Man beglückwünscht mich, nicht zu viel zu schreiben. Bald wird man mich beglückwünschen, dass ich überhaupt nicht schreibe.

Eine vernickelte Seele.

Arbeit ist mir zuwider, aber ich liebe mein Arbeitszimmer.

Jeden Morgen beim Aufstehen sollte man sagen: Prima, ich bin noch nicht tot.

Ich unterhalte mich immer noch zu viel mit meinen geistreichen Sprüchen.

Es ist schön, aber hässlich.

1904

Man sammelte für den Maler Degroux, der keinen Centime mehr besaß. Er nahm das Geld und sagte: Ihr werdet über meine Undankbarkeit staunen.

Es scheint so, als drehe die Erde sich nicht mehr.

Egoismus. Alles auf sich beziehen, sogar Gott.

Ich sehne mich nicht mehr nach Erfolg, und ich spüre, dass er für mich zu spät käme.

Der Künstler ist ein Mensch von Talent, der immer am Anfang zu stehen glaubt.

Ich glaube, dass ich durch Selbstmord enden werde. Denn seitdem ich mich vom Leben erschöpft fühle, habe ich Gefallen an diesem düsteren Gedanken und an der Vorstellung meiner Tat.

Eine Ameise hat sich erhängt, weil sie eine Blume entblättert hatte.

Ich beziehe alles auf mich, aber es gibt Dinge, mit denen ich nichts anfangen kann.

Die Güte ist nicht natürlich: Sie ist die steinerne Frucht der Vernunft.

Nur die Reichen erben eine Million.

In meinem Leben habe ich mehr als tausend Jahre verloren.

Dieses ganze Gutsein bringt mich um. Wenn ich mir verbiete, ein bisschen schlecht zu sein, wozu bin ich dann gut?

Der Neid ist kein edles Gefühl, aber die Heuchelei auch nicht, und ich suche herauszufinden, was man gewinnt, wenn man das eine durch das andere ersetzt.

Jeder Mensch ist mehr wert, als seine Art sich auszudrücken.

Wir können uns nicht verstehen, ihr Sozialisten und ich. Ihr wollt euch bereichern, ich versuche, mich arm zu machen. Ihr werdet es schneller schaffen als ich.

Ich getraue mich nicht einmal mehr zu sagen: »Morgen werde ich arbeiten.«

Ich schreibe wenig, aber ich lebe ja lange.

Poesie. Eine Kaffeewindmühle.

Mein Gedächtnis ist wie eine Schachtel, die von allem etwas enthält. Es widerstrebt mir, darin herumzuwühlen.

Ach, all die schönen Dinge, die man schreiben würde, wenn man keinen Geschmack hätte! Aber sieh doch, der Geschmack ist die ganze französische Literatur.

Ich mache Notizen immer aus der Erinnerung. Wenn ich etwas sehe oder höre, denke ich nie daran, dass ich es gleich aufschreiben sollte.

Neurasthenie ist Misanthropie. Wir wagen es nicht einmal mehr, Worte zu verwenden, die uns Ehre machen.

Man kann seinen Egoismus an die Kette legen, aber man könnte ihn nicht umbringen, ohne sich zum Tode zu verurteilen.

Jetzt weiß ich endlich, was den Menschen vom Tier unterscheidet: die Geldverlegenheiten.

Wenn ich an mich nicht denke, so deswegen, weil ich an niemanden denke.

Nichts ist ewig, nicht einmal die Dankbarkeit.

Ich verachte das Theater noch immer nicht genug, um dort Erfolg zu haben.

Studieren, aber ohne die Bücher.

1905

Der unruhige, aber klarblickende, also aktive und gesunde Geist des Menschen, der nicht arbeitet.

Man sollte ganz allein einem Verein angehören.

Ich habe einen antiklerikalen Geist und das Herz eines Mönchs.

Ich bin nicht mehr fähig, jung zu sterben.

Frühling: Jugendstil.

Blinde. Man lässt sie die Musik von Gehörlosen studieren.

Indiskretes Schweigen der Diplomaten.

Ja, was der Tod macht, ist interessant. Aber er wiederholt sich zu sehr.

Ein Gemäßigter ist jemand, der sich gemäßigt der Interessen anderer annimmt.

Auf dem Theater wollen wir Leben, und im Leben Theater.

Den Menschen als Naturkundigen betrachten, nicht als Romanpsychologen. Der Mensch ist ein Tier, das fast nicht denkt.

Ich begreife den Baum, er denkt nicht nach.

Ein wenig Hass reinigt die Güte.

Wie schwierig es doch ist, gut zu sein! Und ich hoffe sehr, nie so weit zu kommen.

Komik des Elends.

Der Atem des Buches, das man aufschlägt. Oh, wie riecht dieses da aus dem Mund.

Verwirrt wie ein Insekt, das auf der Fingerspitze landet.

Es ist nicht nötig, die Reichen zu verachten. Es genügt, sie nicht zu beneiden.

Ich gehe in meinem Innern umher, auf meinem See des Überdrusses. Aber ich mache vergnügte Spaziergänge.

Realist, ja. Aber die Realität ist überall.

Wer uns am meisten liebt und bewundert, kennt uns am wenigsten.

Freidenker. Denker würde genügen.

Der Affe: ein Mensch, der es nicht geschafft hat.

Ich halte von der Unsterblichkeit des Namens nicht mehr als von der Unsterblichkeit der Seele.

Egoistisch wie ein Heiliger.

Nur die Zeit verliert keine Zeit.

Das Leben ist nicht so lang. Man hat nicht einmal die Zeit, um einen Toten zu vergessen.

Kalt. Die Sterne haben Tränen in den Augen.

Das Leben ist schlecht eingerichtet. Die Armen, die Unwissenden, sollten reich sein, und der intelligente Mensch arm.

Talent: Klar sehen mit den Augen des Dichters.

1906

Ich will gerne alles glauben, was man will, aber die Gerechtigkeit in dieser Welt gibt mir keine beruhigende Vorstellung von der Gerechtigkeit im Jenseits. Ich fürchte, Gott wird noch andere Dummheiten machen: Er wird die Bösen im Paradies sammeln und die Guten in die Hölle schicken.

Eine Katze, die von vierundzwanzig Stunden zwanzig schläft, dürfte das Gelungenste sein, was Gott geschaffen hat.

Ja, Gott existiert, aber er weiß darüber nicht mehr als wir.

Ah, er hat es, das göttliche Lächeln. Uns bleibt es überlassen, seine Ungerechtigkeit wiedergutzumachen. Wir sind mehr als Götter. Ich weiß nicht, ob er existiert, aber für seine Ehre wäre es besser, er existierte nicht.

Einen Vortrag über Gott halten, mit Lichtbildern.

Das Blatt, der arme Vetter der Blüte.

Die Weisheit des Bauern ist die Unwissenheit, die sich nicht auszudrücken wagt.

Zweiundvierzig Jahre. Was habe ich geschafft? Nichts Bedeutendes, und schon tue ich gar nichts mehr.

Früher hatte ich Angst, wenn es gefährlich war. Heute habe ich Angst überhaupt etwas zu tun. Oder besser: Ich habe Gefallen daran gefunden, nicht zu handeln.

Neurastheniker: ein Gesunder, der eine tödliche Krankheit hat.

Das Leben ist kurz, aber die Langeweile verlängert es. Kein Leben ist so kurz, dass die Langeweile in ihm kein Unterkommen fände.

Weder fürs Volk noch für die Elite schreiben: für mich.

Ich weiß nicht, ob man seine Fehler verbessert, aber die guten Eigenschaften, die man hat, missfallen einem besonders, wenn man sie bei anderen antrifft.

Mein Ruhm, den ich ersehnte, ist schon vergangen.

Die Seite, die du über den Herbst geschrieben hast, muss dir Freude machen wie ein Spaziergang auf toten Blättern.

Stell dir das Leben ohne den Tod vor. Jeden Tag würdest du aus Verzweiflung versuchen, dich umzubringen.

Faulheit: Angewohnheit, sich zur Ruhe zu legen, bevor man müde ist.

Neuer Dichter. Merken Sie sich diesen Namen, man wird nie wieder von ihm sprechen.

Diese Notizen sind mein tägliches Gebet.

Man spricht von mir nur noch, wenn von anderen die Rede ist.

Nichts ist wichtig, denn man kann aus allem Literatur machen.

Ich kann nicht mehr tun, als meine Fehler zu verkürzen: Ein Anfall von Launenhaftigkeit, Ranküne, Eitelkeit dauert weniger lang. Aber ich glaube, dass der Egoismus immer gleich lang ist.

Bescheiden, wie er ist, traut sich Gott nicht, damit zu prahlen, dass er die Welt geschaffen hat.

Mich graut so sehr vor der Lüge, dass mir dadurch die Phantasie abgestorben ist.

Die Schriftstellerei ist der einzige Beruf, in dem man, ohne sich lächerlich zu machen, kein Geld verdienen kann.

Mit seinem Willen kann man alles. Aber woher den Willen nehmen?

Es ist nicht nötig zu leben, wohl aber, glücklich zu leben.

Die Natur beobachten, ja. Aber man muss die Ruhe bewahren wie der Jäger in der Nacht. Die Dinge haben Angst. Unser Gefühl bringt die Natur durcheinander. Die geringste Stimmung stört sie auf. Ein zu neugieriger Blick, und das Leben hält inne.

Sobald man aufhört zu arbeiten, hat man den Eindruck, nie gearbeitet zu haben.

Ich bin eher zu einer guten Tat fähig als zu guten Gefühlen.

Was wird aus all den Tränen, die man nicht vergießt?

Aufrichtig bin ich nicht, nicht einmal in dem Augenblick, in dem ich sage, dass ich es nicht bin.

Mir gehört ein schönes Fenster zur Natur.

Alle Menschen haben ungefähr das Gleiche gesehen, aber nur der Dichter kann es wieder ins Gedächtnis rufen.

Rauch: Träumerei des Feuers.

In der Öffentlichkeit reden. Man braucht nicht zu denken, was man sagt, aber man muss an das denken, was man sagt: das ist schwieriger.

Meine Bücher sind mir so fern, dass ich für sie schon eine Art Nachwelt bin. Hier mein Entschluss: Ich werde sie niemals wiederlesen.

1907

Gott. Noch einer, der sich für unsterblich hält.

Ein junger Mensch, der kein Talent hat, ist ein Greis.

Wir sind auf Erden, um zu lachen. Wir werden es im Fegefeuer oder in der Hölle nicht mehr können. Und im Paradies wäre es unpassend.

Der Tod ist der normale Zustand. Das Leben wird überschätzt.

Ich habe nicht den einen Glauben, sondern viele kleine, die mich aufrecht halten.

Man braucht auf die Wahrheit nicht zu achten; sie wirft sich euch an den Hals.

Man soll schreiben, wie man spricht, wenn man gut spricht.

Ich bin indiskret, aber ich begegne niemandem.

1908

Das Volk versteht uns nicht, und wir verstehen es noch weniger.

Ich rede gerne, vorausgesetzt, ich kann widersprechen.

Ein paar Kilometer über der Erde muss das Gemurmel unserer Klagen noch zu hören sein.

Der Glaube an die Arbeit ist vielleicht nur eine weitere überflüssige Religion. Glücklich wird man nur durch Zufall.

Es ist leichter, großzügig zu sein, als es nicht zu bedauern, wenn man es gewesen ist.

Ich fühle mich alt, aber ich möchte nicht fünf Minuten jünger sein.

Der Ruhm ist der Rauch ohne Feuer, von dem so viel die Rede ist.

Der Satz kann nur der Filter des Denkens sein.

Unser Metier ist schwer, aber es ist immer noch einfacher, damit Geld zu verdienen, als ein schönes Buch zu schreiben.

Wenn das Barometer auf schön steht, rühre ich es nicht an.

Die Kunst: Mit dem Finger die Wahrheit leicht berühren.

Kein Erfolg, kein Werk.

Die Träumerei ist mein Dünger.

Mir stößt kein großes Unglück zu, aber meine Art, es zu empfinden, ist wichtig.

Die Menschen schildern! Was heißt das? Man müsste das Innere schildern, aber man sieht es nicht. Wir beobachten nur das Äußere. Aber es gibt keinen Menschen, und wäre er noch so wertvoll, der nicht durch seine Worte, seine Haltung, seine Gebärden ein bisschen lächerlich wirkt. Wir merken uns nur die lächerlichen Züge. Erbarmungslos, wie die Kunst ist, respektiert sie keine Tugend, und das Ergebnis allen künstlerischen

Ausdrucks ist, dass das Leben vor allem komisch zu sein scheint.

Liebenswürdig bin ich zu Menschen nur, wenn ich sicher bin, ihnen überlegen zu sein.

Wir halten uns für jung, weil man noch Respekt vor uns hat.

Ich verstehe mich auf die Kunst, mir unangenehme Dinge sagen zu lassen, indem ich sie zuerst selbst sage: Man redet wie ich.

Besonders in der Freundschaft kann die Heuchelei lange währen. In der Liebe genügt es nicht zu reden. Man muss handeln. Die Freundschaft kann sich lange Zeit Beweise ersparen.

In Nevers heißt eine Straße ›rue du Renard‹. Das ist immerhin ein Anfang. Nach meinem Tod wird man sich vielleicht vertun.

Wenn man die Fehler der anderen so genau sehen kann, so deswegen, weil man sie selber hat.

Es gibt Augenblicke, in denen alles gelingt. Man braucht deswegen nicht zu erschrecken: Es geht vorüber.

Für den Stil ist das Bild ein Keim des Verderbens.

Eine Fußnote muss mehr sagen als eine Seite, sonst ist sie nutzlos.

Was ist ein schönes Buch, das niemand bemerkt?

Ein Schriftsteller soll nur Schriftsteller sein. Alles Andere ist Literatur.

Der materielle Erfolg macht nicht den Eindruck, dem literarischen entsprechen zu wollen.

Was mich am meisten erstaunt, ist dieses Herz, das immer schlägt.

Man macht sich an die Arbeit. Lange nichts. Man versucht es nicht einmal. Plötzlich, durch irgendeinen Hauch, der vorbeizieht, lodert das Feuer.

Ich an meinem Schreibtisch wie der Esel im Stall. Ich lese und werde träge. Mein Geist käut sich wieder.

Für das Auge, das zu sehen versteht, gibt es keinen großen Unterschied zwischen einem schönen Horizont und einem alten Kamin.

Man muss den Stil vernachlässigen, um geschmeidiger zu wirken.

Was ich über einen Baum sage, passt auf alle anderen, aber indem ich diesen einen und keinen anderen angeschaut habe, habe ich das Bild gefunden, das dem Leser einen Eindruck gibt, der sich mitteilen lässt.

Das Leben ist vor allem schwer und, wenn möglich, glücklich.

Ein Wort kann der Feder auch entgleiten.

Es gibt Lobreden, die Kritiken sind. Fast immer sind die Kritiken Lobreden.

1909

Um gut zu lesen, was man geschrieben hat, muss man es beim Lesen neu denken.

Mein glückliches Gedächtnis, das mir augenblicklich zu vergessen erlaubt, was auch immer ich gelesen habe.

Man kann zugleich natürlich und falsch sprechen.

Die Literatur ist ein Beruf, in dem man Menschen, die kein Talent haben, immer von Neuem beweisen muss, dass man Talent hat.

Geschmack kann Angst vor dem Leben und vor der Schönheit sein.

Man sollte gar nichts sagen, denn alles verletzt.

Ich habe armselige Ideen, wie eine Schar aufgescheuchter Gänse.

Menschen, die geschlafen haben und gerade aufgewacht sind, haben in ihrem Blick immer eine gewisse Angst, als wären sie durch eine Katastrophe erwacht.

Der schöne Stil sollte sich nicht sehen.

An andere denke ich nur in Stunden der Faulheit; aber ich bin faul.

Der Künstler rechnet nur mit dem Unvorhergesehenen.

Nichts verabscheue ich mehr als die Originalität. Eine Versammlung origineller Zuhörer würde nur eine banale Rede ertragen.

Das Glück ist die Suche danach.

Ich bin mir ganz sicher, dass eine keusche Menschheit unendlich überlegen wäre.

Den Kollektivismus wollen wir nur für das Schloss gegenüber, nicht für unser kleines Landhaus. Wir versetzen es in eine neutrale Zone.

Gestorben durch Zufall oder durch Selbstmord, was ist der Unterschied vom religiösen Standpunkt? Im ersten Fall ist der Tod schuld, im anderen Gott.

Der Tod ist kein Künstler.

Das Leben ist weder kurz noch lang. Es hat Längen.

Wie kann man als Kritiker zugelassen werden und nicht einmal eine Rechtschreibprüfung abgelegt haben?

Der Mensch ohne Herz, der nur literarische Gefühle gehabt hat.

Das Wort lebt nur von dem Platz, den man ihm überlässt.

Eine Zeit, in der der Tod der anderen kein Erstaunen mehr hervorruft.

1910

Wer die Krankheit der Skrupel nicht kennt, darf nicht einmal davon träumen, rechtschaffen zu sein.

»Ein Wort kann der Feder auch entgleiten.«
Nachwort von Henning Ritter

Ein Autor, der anders war als seine berühmteren Kollegen, der eine sehr eigenwillige Auffassung von Literatur hatte, ein Autor der zweiten Reihe, der mit allem haderte, was ihn in diese Lage gebracht hatte. Er lebte am Rand des intellektuellen und literarischen Milieus seiner Zeit und urteilte schneidend über die Literaten, über ihren Ruhm, das Geld. Von Jules Renards Journal her gesehen, erscheint die Welt der einflussreichen Schriftsteller und Intellektuellen der Zeit in ein Halbdunkel getaucht. Der Leser vernimmt allenfalls ein Gemurmel, in dem er die eine oder andere Stimmen wiedererkennt. Hell erleuchtet dagegen ist die Werkstatt des Schreibenden. Oder täuscht sich der Leser der Aphorismen Renards? Ist ihr Verfasser nicht doch Teil dieser Welt, die er, sich selbst eingeschlossen, einer erbarmungslosen Prüfung unterwirft? Er will sich von ihrem Glanz, ihrer Unanfechtbarkeit nicht täuschen und betören lassen. So setzt er in seinen Urteilen und Beobachtungen auch die eigene schriftstellerische Existenz aufs Spiel. Jules Renards Tagebuch ist spät entdeckt worden, erst nach seinem Tod. Er hatte es für sich geschrieben, ohne an eine Publikation zu denken. Seltener Fall eines »Mihi ipsi scripsi« ohne Hintergedanken. Als nach seinem Tod Mme Renard das Tagebuch durchsah, entdeckte sie detailliert geschilderte Liebesaffären, von denen sie nichts geahnt hatte. Und Renards Urteile über Schriftsteller und das Literatenmilieu waren oft so verletzend, dass der Herausgeber sich nicht traute, sie zu veröffentlichen. Alles, was ausgeschieden worden war, wurde von der Witwe verbrannt, etwa die Hälfte des Manuskripts, das im Druck rund tausend Seiten umfasst. Renards Journal aber überstrahlt heute alles, was er geschrieben hat. Auch in dieser Fassung sind seine Urteile über die Welt der Literatur so schneidend wie verzweifelt. Dass er den großen Ruhm verfehlte, wird ihn bedrückt haben, was immer er in seinem Tagebuch über das Fragwürdige des literarischen Ruhms gesagt hat. Renards aphoristische Sätze sind Antworten auf Fragen, die immer wieder gestellt werden. Eine Definition verbietet sich, weil es schon so viele Antworten gibt. Man muss also etwas Überraschendes sagen. Es muss der Einfall eines Augenblicks sein. So ist es bei der Notiz: »Der Ruhm ist der Rauch ohne Feuer, von dem so viel die Rede ist.« Der sprichwörtliche Rauch ohne Feuer enthüllt das Grundlose des Ruhms, seine Hohlheit, die ihm nicht etwa nur im

Einzelfall eigen ist, sondern ihn in seinem Wesen ausmacht. Wäre er nicht Rauch ohne Feuer, er wäre nicht so anziehend, würde nicht die Sehnsucht wecken, auch an ihm teilzuhaben. Worum geht es Renard? Er will über Dinge, über die man seit je nachgedacht hat – über Glück, Liebe, Geld, Talent, Stil –, etwas sagen, was noch niemand gesagt hat, das aber zugleich so naheliegend ist, dass es oft und immer wieder gesagt worden sein könnte. Der Aphorismus selbst muss seine Neuheit verbürgen. Trotz der Gefahr, schon oft Gesagtes zu wiederholen, scheut Renard kein noch so großes Thema. Er lässt sich im Nahkampf darauf ein, erspart sich weit ausholende Strategien und Argumente. Vielmehr wird er seines Gegenstandes mit einem Kunstgriff Herr, geht es von der Seite an, aus dem Hinterhalt, von wo es durch einen Überraschungsangriff am leichtesten zu fassen ist. Wer sich dem aphoristischen Minimalismus anvertraut und damit spielt, hat eine größere Chance, etwas Überraschendes zu sagen. Der Zufall trägt dem Aphorismus zu, was ungesagt geblieben war. Es ist ungewiss, ob Renard überhaupt Aphorismen schreiben wollte. Sind es nicht vielmehr Einfälle, die ihm beim Schreiben seines Tagebuchs unter die Feder kamen, kurze Unterbrechungen seiner dem Tage zugewandten Aufzeichnungen? Ein Wort kann der Feder auch entgleiten, wie er anmerkt. Seine Einfälle sollten keine Leser finden. Vielleicht warfen sie eine Anregung ab für seine literarischen Arbeiten, seine Erzählungen oder Theaterstücke. Der Leser seiner »Naturgeschichten« wird auf manches stoßen, was in unserer Auswahl zwanglos hätte Platz finden können: »Der angewachsene Hase« könnte ebenso dem Journal entsprungen sein wie die Eidechse: »Die Mauer: Was läuft mir da für ein Schauer über den Rücken? Die Eidechse: Ich bin's.« Die Dinge wollen nicht en face gesehen werden, sondern aus einer ungewöhnlichen Perspektive, möglichst einer solchen, die noch niemand eingenommen hat. Sie müssen allbekannt sein, fast überladen mit Betrachtungen, um den Aphoristiker zu reizen. Deswegen ist das Glück ein klassischer Topos des Genres. Das Wort ist so ausgewrungen wie wenige. Man möchte meinen, dass es allenfalls ein paar Tropfen hergibt, so viel man auch pressen mag. Aber der Verfasser von Aphorismen kann das Glück auch nicht übergehen, denn ohne das Glück gäbe es die Idee des Gelingens nicht, den ersten Antrieb seines Schreibens. Also muss man andere Wege gehen: »Glücklich zu sein ist nicht das Ziel, aber man muss es wenigstens gewesen sein.« Die Techniken des Aphorismus können harmlos wirken. Was sich mühelos sagen lässt, damit kann es nicht ernst sein. Renards Handwerk ist jedoch zu raffiniert, um sich solchen Einwänden auszusetzen. Und es ist mo-

dern. Man möchte meinen, er habe die Collage entdeckt. Er verwendet eine Technik, die darauf abzielt,
die Dinge zu zerlegen und neu zusammenzusetzen,
voneinander Entferntes miteinander zu verlöten. So
entdeckt Renard, dass die Lichtung im Wald und
die Wahrheit etwas miteinander zu tun haben. Was
er beiläufig oder zufällig gefunden hat, wird einmal
ein Hauptgedanke der Philosophie Heideggers sein.
Wie überhaupt das aphoristische Genre durch die
Beschränktheit seiner Mittel und den kleinen Raum,
auf dem sie angewandt werden, gelegentlich Dop-
pelungen erzeugt. So findet man bei Renard eine
Wendung, die mindestens zweimal erfunden wurde: »Neuer Dichter. Merken Sie sich diesen Namen,
man wird nie wieder von ihm sprechen.« Bei Jules
Renard wirkt alles so leicht wie durchtrieben. Alle
Wege zur Klarheit sind ihm recht. Renard will nicht
witzig sein, sondern nur deutlich. Seine Klarheit erscheint als Ironie, als Humor. Er widersteht der Ver-
suchung der Originalität. Originell sein zu wollen
ist eine Gefahr des Aphorismus. Also muss es darum gehen, dem Überraschenden und Unvergleich-
lichen den Schein der Originalität zu nehmen. Was
der Aphorismus sagt, will eingehüllt sein in Ver-
trautheit und Selbstverständlichkeit, an deren Rand
er sich einnistet. Er verrückt die Wirklichkeit um
eine Kleinigkeit und erzeugt dadurch eine neue
Sicht auf die Dinge. Er will ganz unauffällig wirken

und doch vorstoßen in unbetretenes Gebiet. Wenn Renard von den großen Fragen, von Leben und Tod, von Gut und Böse handelt, bedient er sich gerne des Mittels der Vertauschung: »Der Tod ist der normale Zustand. Das Leben wird überschätzt.« Was wie eine etwas abgegriffene Pointe wirken könnte, wirft ein Licht auf die Neigung der Menschen, sich zu verschätzen und zu übernehmen. In der scheinbaren Banalität, in diesem bequemen »Das kann man auch so sehen«, verbirgt sich die beunruhigende Einsicht, dass man in einer Welt lebt, in der alles zur Disposition steht, wo einander ausschließende Wertungen koexistieren. Der leichtfüßige Aphorismus lässt in einen Abgrund von Ungewissheiten blicken: Tod oder Leben. So auch bei der echten und der falschen Perle. Renard löst den Blick von der echten, ihr Schicksal ist ihm gleichgültig: »Es gibt keinen Unterschied zwischen der echten und der falschen Perle. Die Schwierigkeit aber ist, ein verzweifeltes Gesicht zu machen, wenn man die falsche Perle zerstört oder verliert.« Nicht einmal eine falsche Träne kann man der falschen Perle nachweinen. Über das Echte mag man sich täuschen, aber nicht über das Falsche. Renard, der für viele schreibt und von wenigen gelesen wird und nicht die Leser findet, die er verdient zu haben glaubt, denkt darüber nach, wie er es mit diesem Publikum halten soll. Er kommt zu einem paradoxen Ergebnis: Er möchte von wenigen gelesen und von allen gekannt werden. Gekannt werden, das heißt nicht gelesen werden. Doch auf Literatenruhm, Bekanntheit, möchte er nicht verzichten. Und die wenigen Leser möchte er nicht verlieren, auch wenn sie seinem Ehrgeiz nicht genügen. Das Missverhältnis, das sich in literarischem Erfolg verbirgt, will dieser Autor akzeptieren, ohne sich Illusionen darüber zu machen, dass er einem falschen Ehrgeiz nachgeht, wenn er die falschen Leser vorzieht. Warum dann nicht gleich ganz andere Leser? Für seine »Histoires naturelles«, seine Naturgeschichten, mit denen Renard großen Erfolg hatte und die bis heute gelesen werden, wünscht er sich nicht Menschen als Leser, sondern die Tiere, über die er schreibt: »Ich möchte den Tieren gefallen. Ich wünschte, dass sie, wenn sie meine kleinen ›Histoires naturelles‹ lesen könnten, lächeln würden.« Er würde gern seine Kunst an jenem kleinen geträumten Lächeln messen. Wenn er über die Bauern schreibt, will er keine Worte verwenden, die sie nicht verstehen würden. Nicht damit sie ihn lesen können, sondern weil das als Beschreibung nicht wahr sein kann, was in der beschriebenen Welt stören würde oder unverständlich wäre. Das ist Treue der Beschreibung zum Beschriebenen. Als eigenständigen Teil seines Werks hat Renard seine reiche aphoristische Produktion nicht anerkannt. Viel-

leicht war sie für ihn nur eine Art Temperaments-
ventil, Einfälle, die er bloß registrierte, nicht aber
auswertete. Er hat sie ihrem Schicksal überlassen.
Die Haltung, die dahinterstand, hat er in einem seiner charakteristischen Sätze ausgedrückt: »Geduld!
Das Wasser meines kleinen Bachs wird zum Meer
gelangen.« Verzweiflung und Trost halten sich in
diesem Bild die Waage. Es will die Illusion nicht an-
regen, dass der Bach zum Meer etwas beitragen
könnte. Er wird in ihm verschwinden, ohne darin
die geringste Spur zu hinterlassen. Aber er hat es
doch erreicht.

Das Nachwort zu dieser Ausgabe erschien erstmals in der Frankfurter Allgemeinen Zeitung vom 26. Mai 2012 (*Bilder und Zeiten*).

Erste Auflage Berlin 2015

Copyright © 2015
MSB Matthes & Seitz Berlin Verlagsgesellschaft mbH
Göhrener Str. 7 | 10437 Berlin
Alle Rechte vorbehalten.

Druck und Bindung: ART DRUK, Szczecin
Umschlaggestaltung nach einer Idee von Pierre Faucheux

www.matthes-seitz-berlin.de

ISBN 978-3-88221-402-4